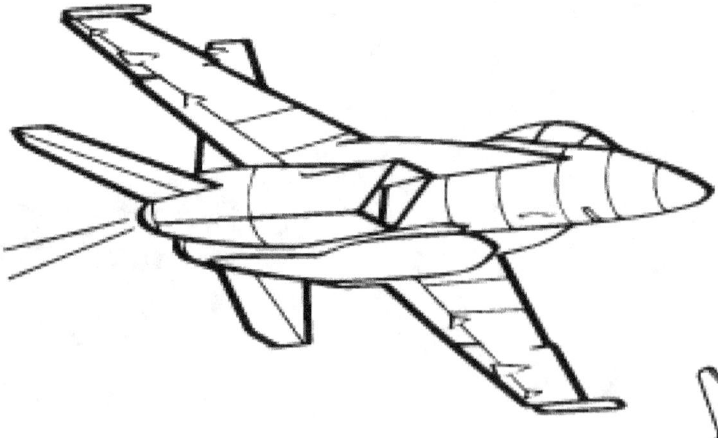

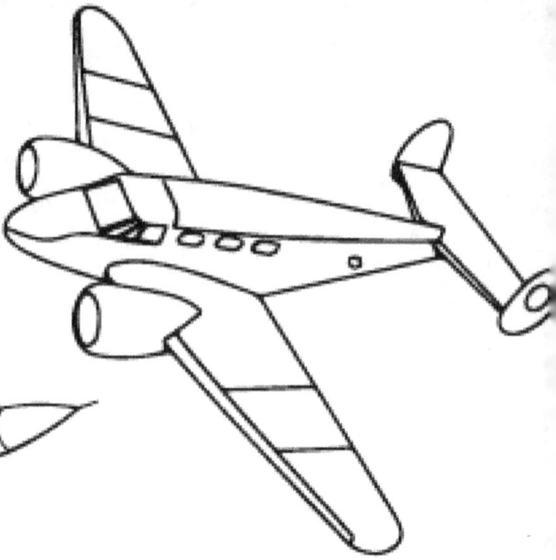

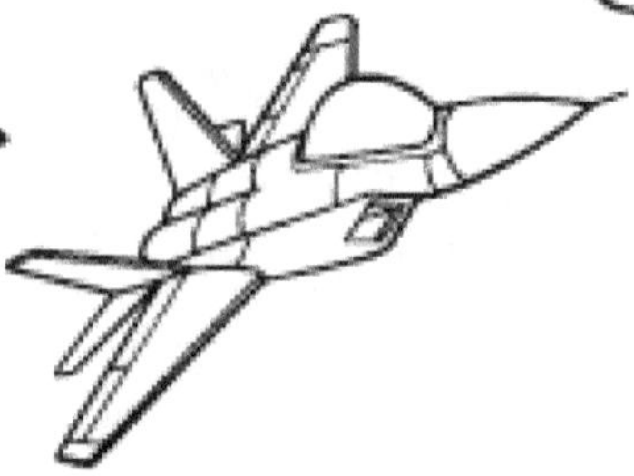

THIS BOOK BELONGS TO :

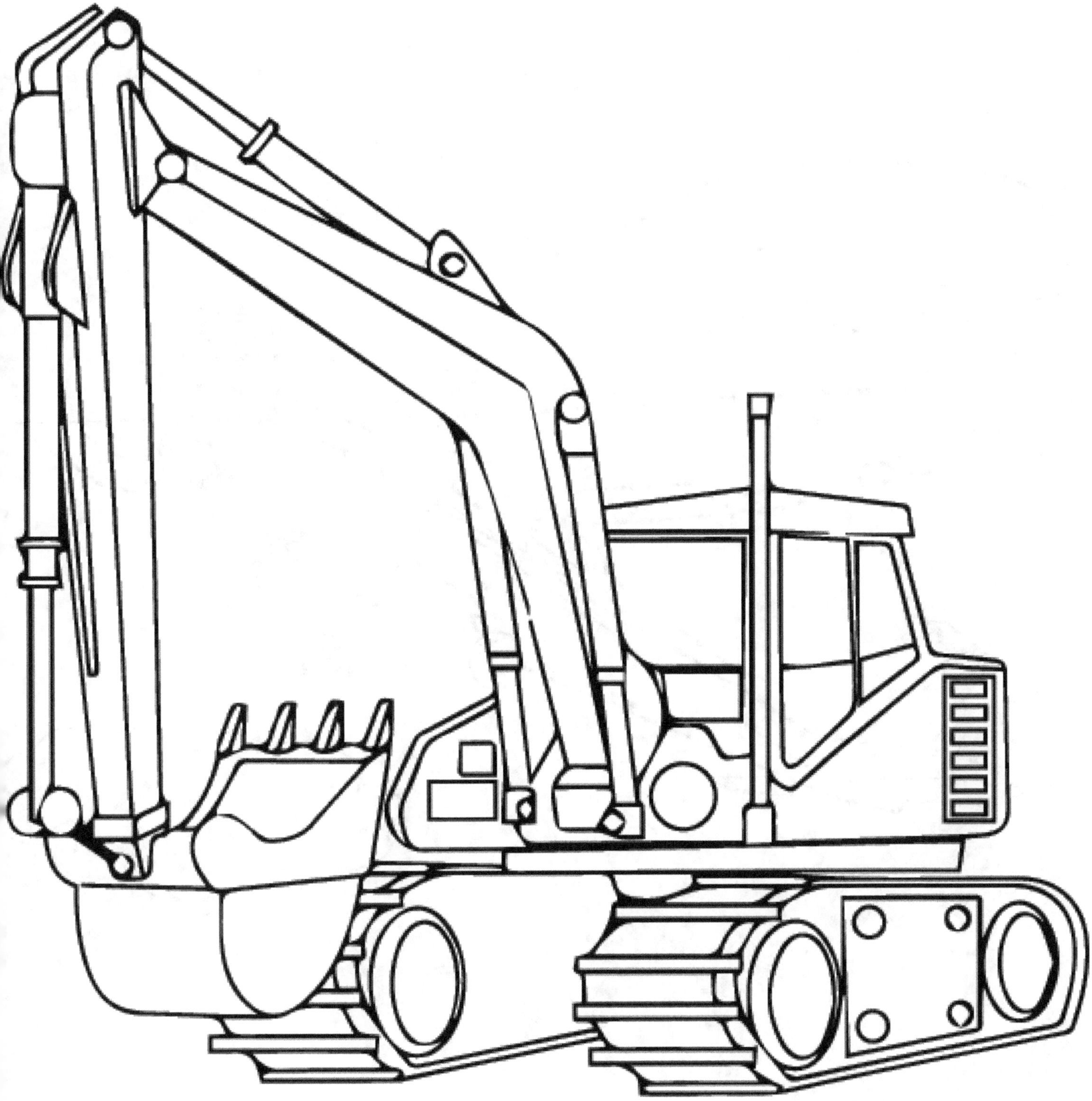

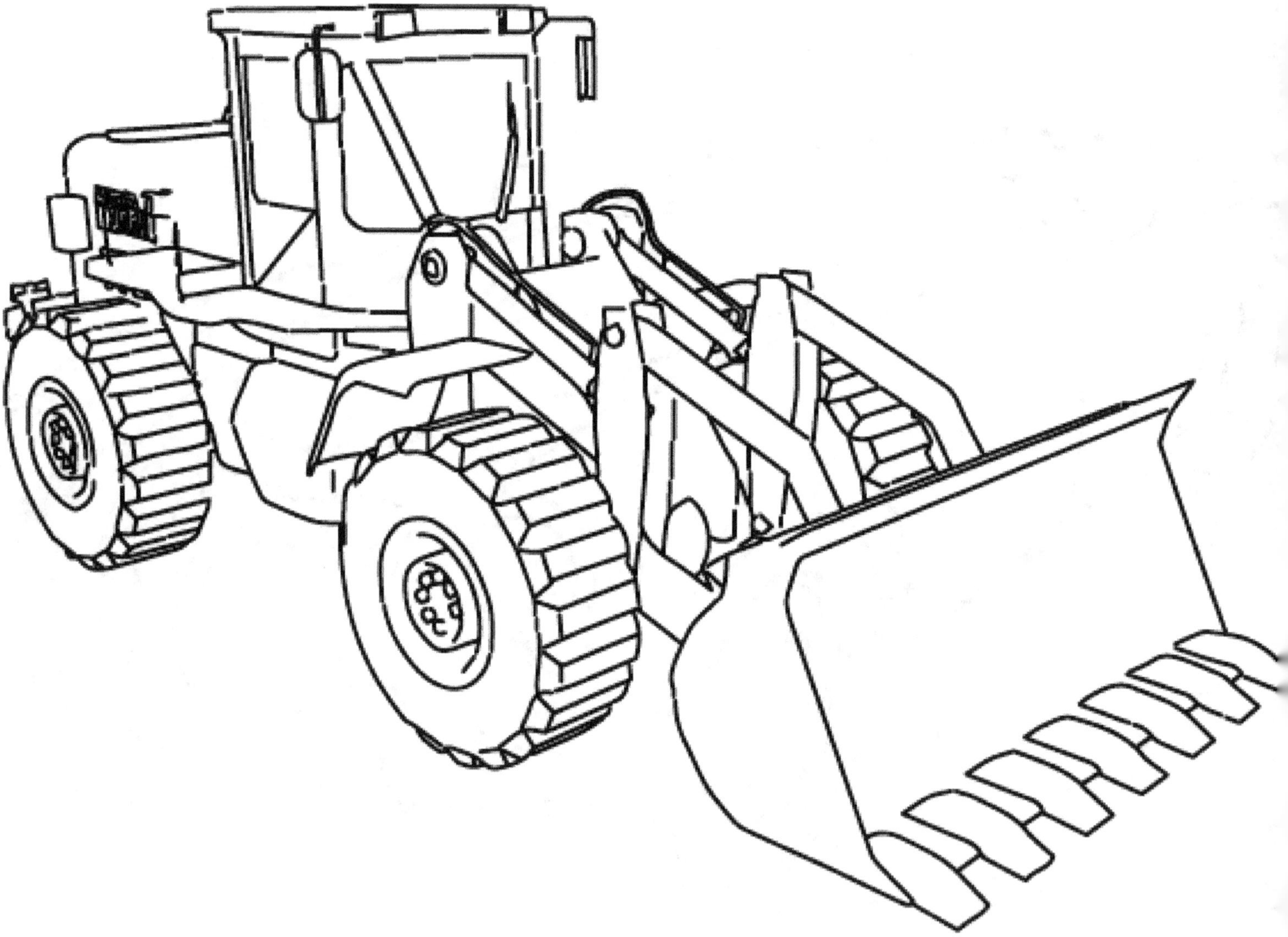

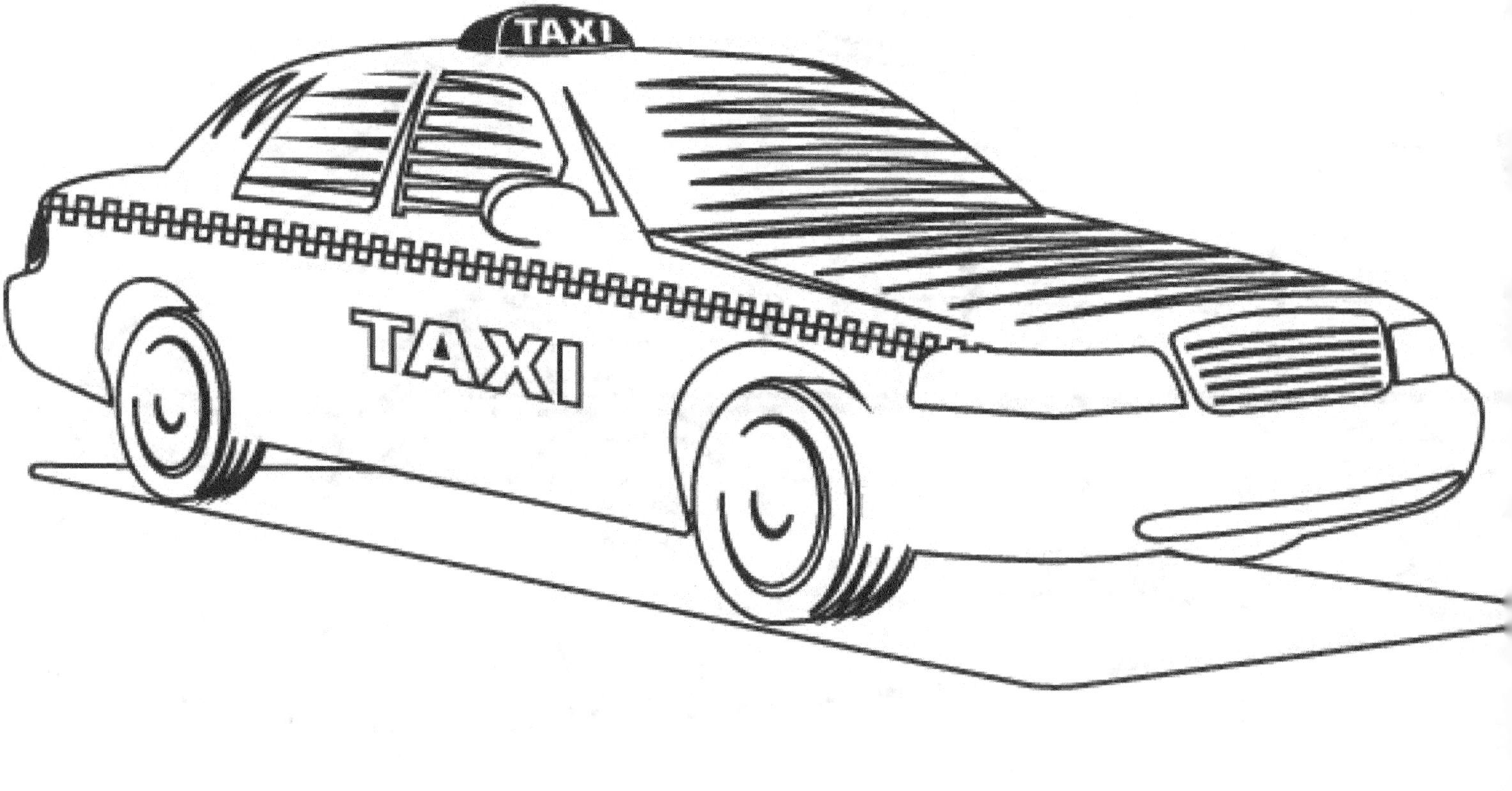
TAXI
TAXI

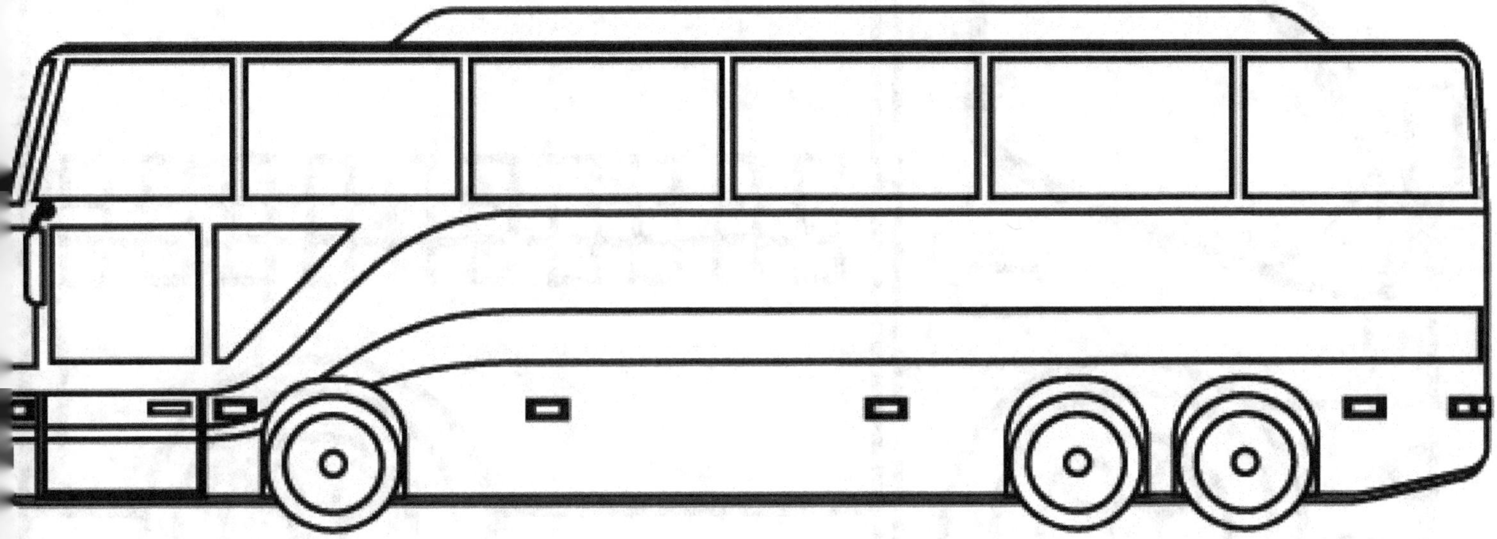

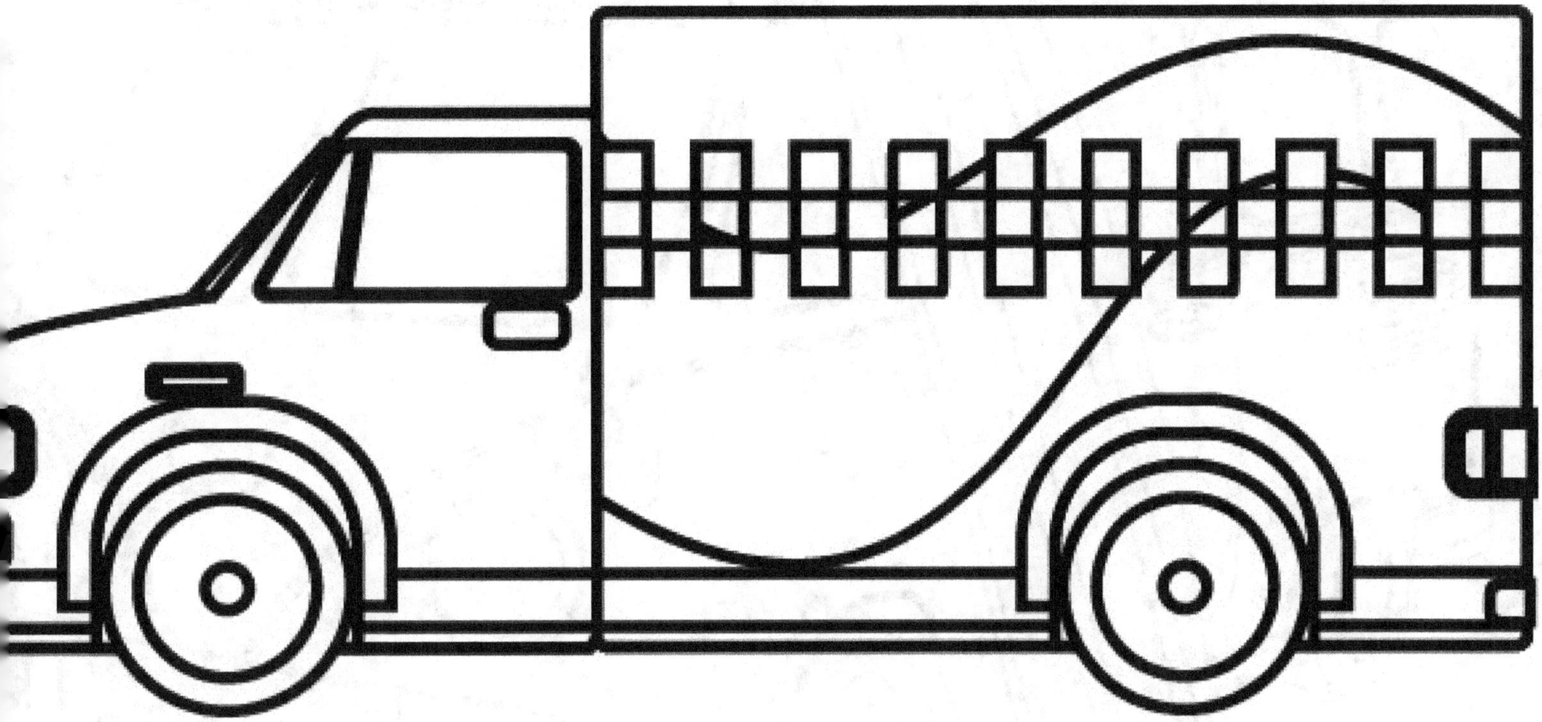

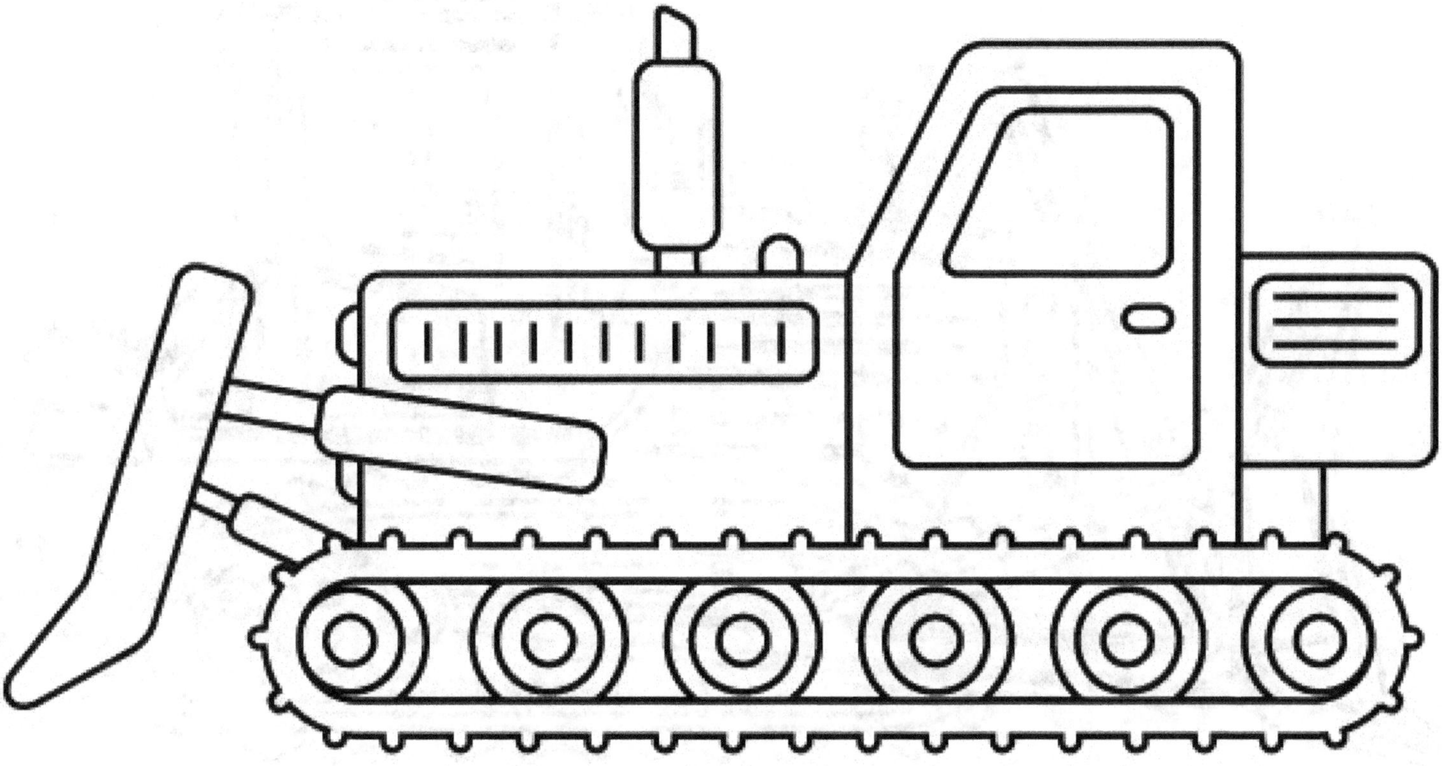

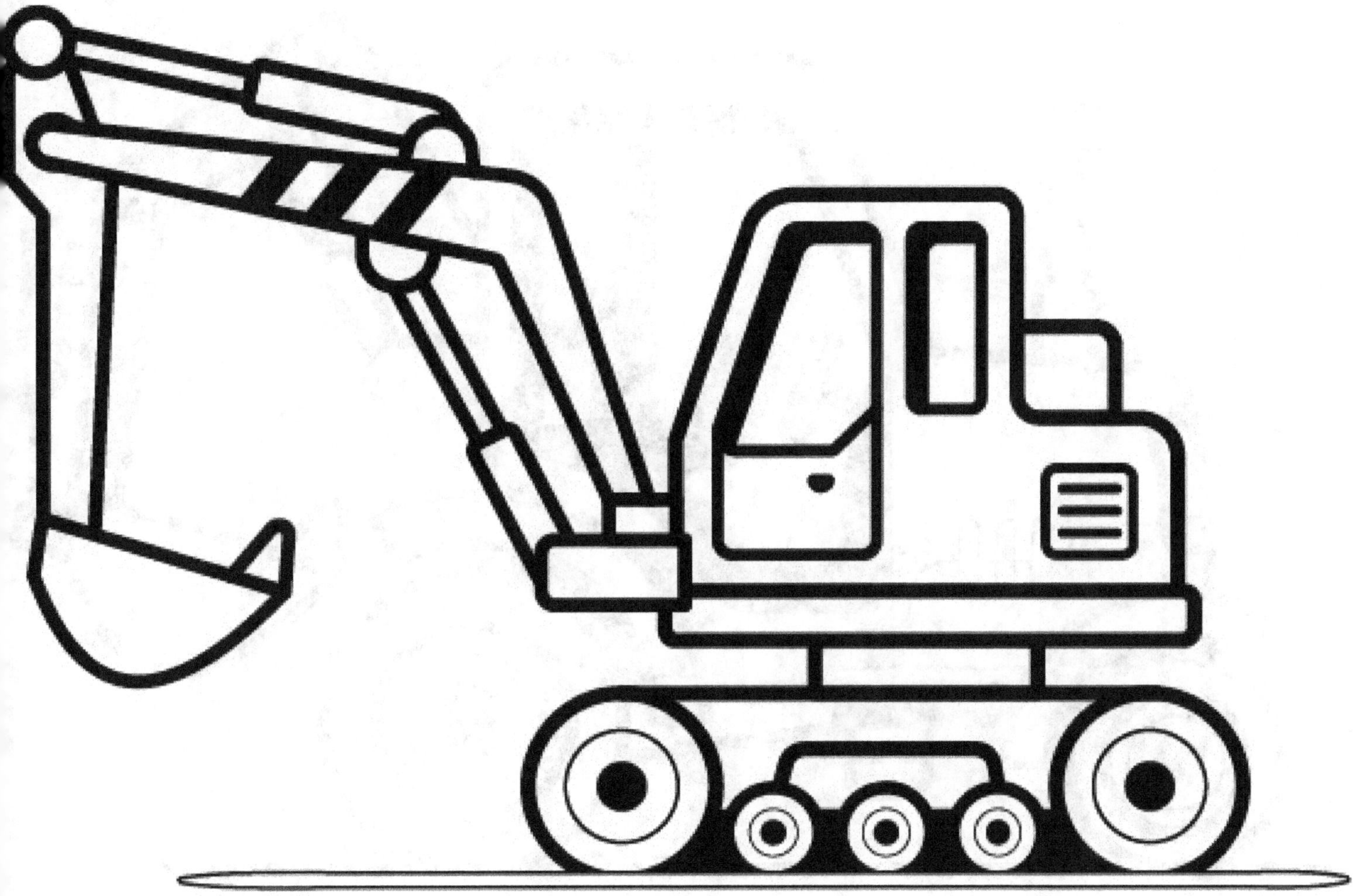

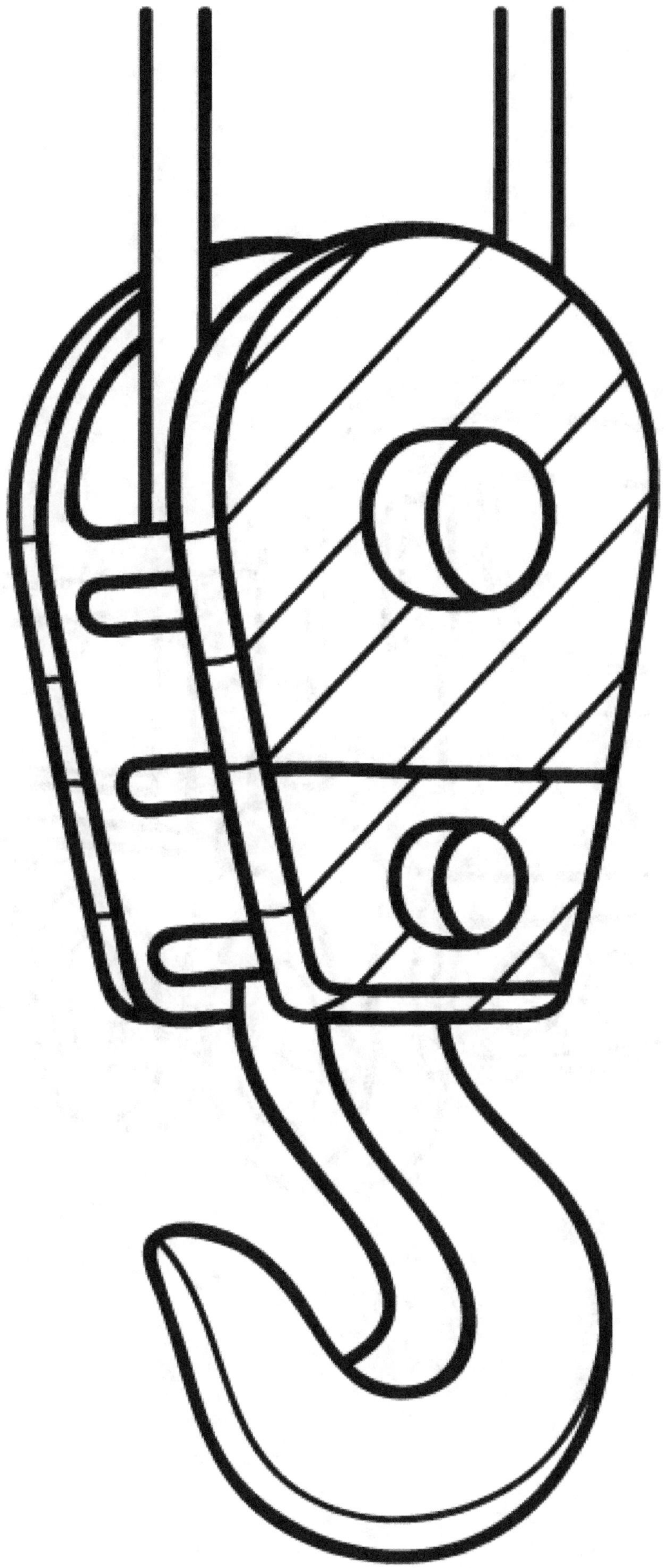

CAT

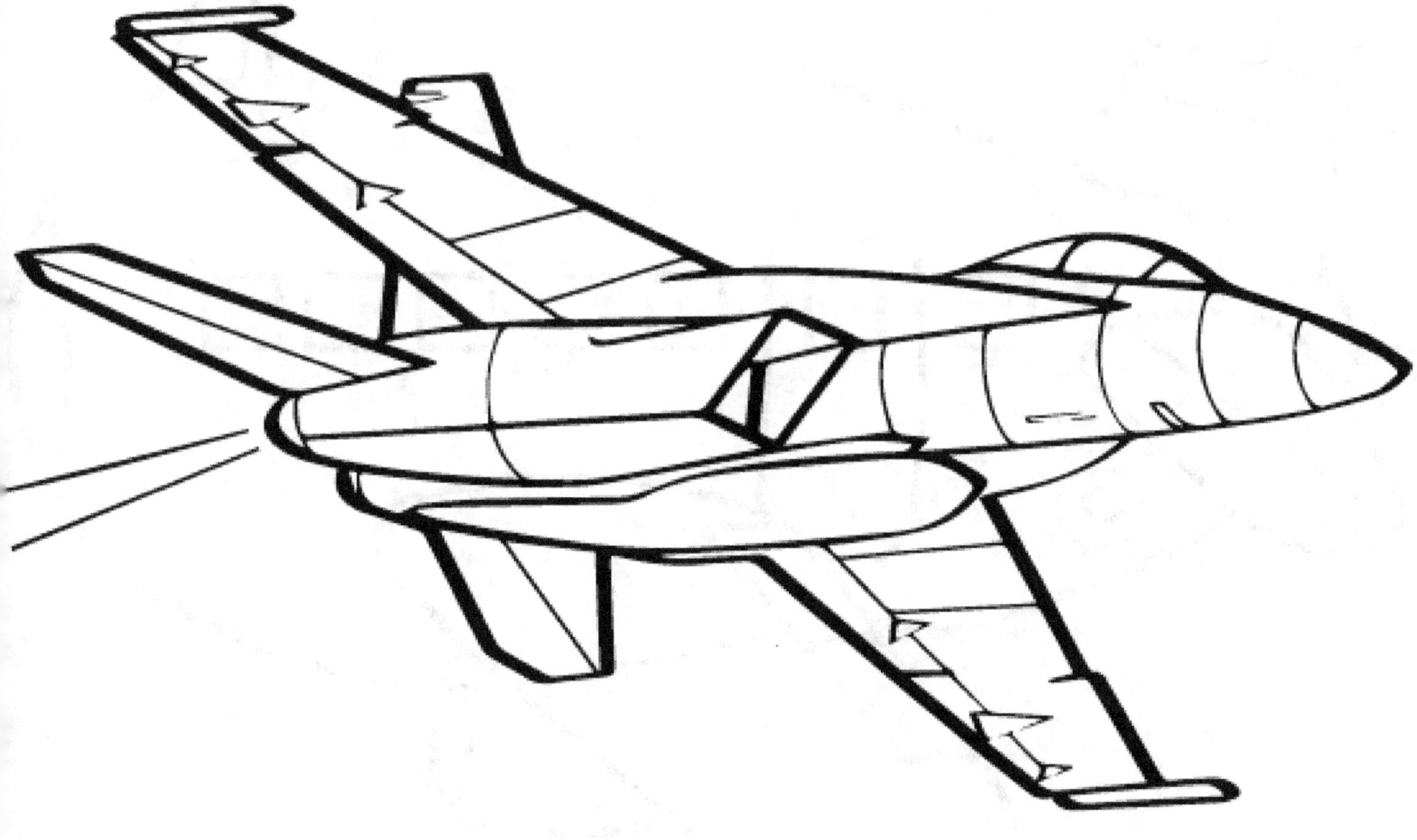

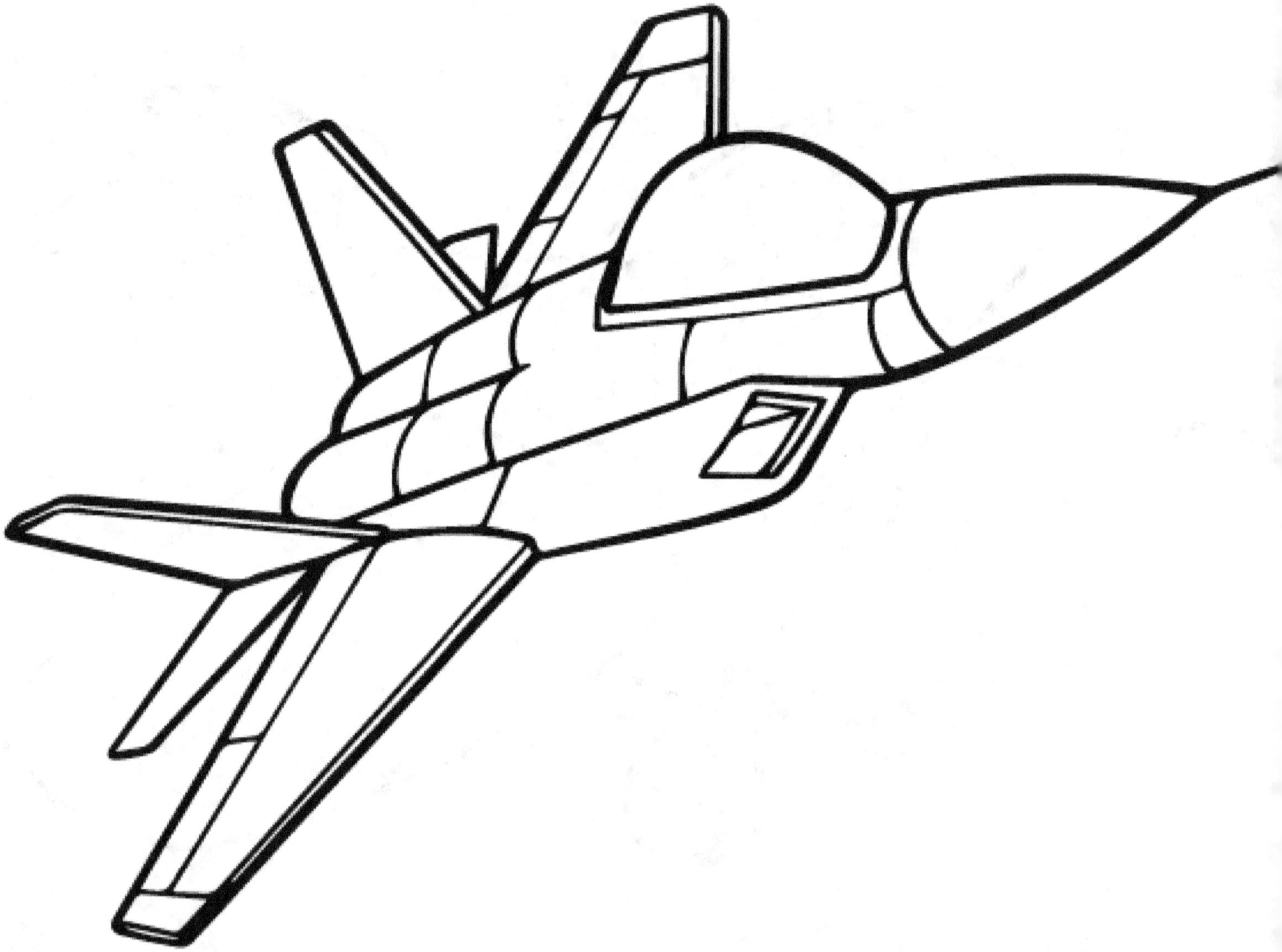

www.ingramcontent.com/pod-product-compliance
Lightning Source LLC
Chambersburg PA
CBHW080521220526
45465CB00006B/2556
* 9 7 9 8 7 3 6 5 4 9 2 9 0 *